BEI GRIN MACHT SICH IHR WISSEN BEZAHLT

- Wir veröffentlichen Ihre Hausarbeit,
  Bachelor- und Masterarbeit

- Ihr eigenes eBook und Buch -
  weltweit in allen wichtigen Shops

- Verdienen Sie an jedem Verkauf

Jetzt bei www.GRIN.com hochladen und kostenlos publizieren

Bibliografische Information der Deutschen Nationalbibliothek:

Die Deutsche Bibliothek verzeichnet diese Publikation in der Deutschen National-bibliografie; detaillierte bibliografische Daten sind im Internet über http://dnb.d-nb.de/ abrufbar.

Impressum:

Copyright © 2018 GRIN Verlag
Druck und Bindung: Books on Demand GmbH, Norderstedt Germany
ISBN: 9783668816206

Dieses Buch bei GRIN:

https://www.grin.com/document/444499

Marius F. Scheibe

Coaching als Instrument der Personalentwicklung. Ziele, Chancen, Risiken, Erfolgskontrolle und Trends

GRIN Verlag

GRIN - Your knowledge has value

Der GRIN Verlag publiziert seit 1998 wissenschaftliche Arbeiten von Studenten, Hochschullehrern und anderen Akademikern als eBook und gedrucktes Buch. Die Verlagswebsite www.grin.com ist die ideale Plattform zur Veröffentlichung von Hausarbeiten, Abschlussarbeiten, wissenschaftlichen Aufsätzen, Dissertationen und Fachbüchern.

I

Inhaltsverzeichnis

Abbildungsverzeichnis

Abkürzungsverzeichnis

DBVC Deutscher Bundesverband Coaching e. V.

PE   Personalentwicklung

VR   Virtual Reality

1. Einführung

„Nicht Arbeit, nicht Kapital, nicht Land und Rohstoffe sind die Produktionsfaktoren, die heute in unserer Gesellschaft zählen, sondern das Wissen der Mitarbeiter in den Unternehmen." Peter F. Drucker (1909 – 2005)[1]

Bereits der US-amerikanische Ökonom Peter F. Drucker, der als ein bedeutsamer Vordenker innerhalb der Managementtheorie gilt, hebt in seinem Zitat die besondere Stellung des Personals hervor.[2]

Heutzutage gewinnt die Personalentwicklung (PE) in der Unternehmenspraxis zunehmend an Aufmerksamkeit. Als Wettbewerbsvorteil trägt die Personalentwicklung einen wichtigen Anteil zum Unternehmenserfolg bei.[3] Im Durchschnitt investierten deutsche Unternehmen im Jahre 2015 rund 800 € in die betriebliche Weiterbildung pro Mitarbeiter.[4]

Inwiefern die Investition in Humankapital zukunftsweisend ist und welche Bedeutung dieses erfährt, wird in dieser Hausarbeit betrachtet. Dazu werden die Gründe, Ziele und Instrumente der Personalentwicklung charakterisiert und die möglichen Problembereiche dargestellt.

Der Fokus dieser Arbeit liegt auf dem Personalentwicklungsinstrument Coaching: Nach einer Definition und einer Skizzierung der Entstehungsgeschichte, folgt die Analyse der Ziele in Hinblick auf die verschiedenen Anspruchsgruppen. Ferner wird der idealtypische Prozess eines Einzelcoachings mithilfe eines organisationsexternen Coaches aufgezeigt. Anschließend folgt ein Abriss der aktuellen Möglichkeiten und Risiken der Erfolgskontrolle des Coachings.

Welche Nutzenpotenziale und Wirksamkeit zum Status quo in der empirischen Forschung nachgewiesen sind, wird im Anschluss daran aufgezeigt. Zur ganzheitlichen Würdigung werden die Problembereiche, insbesondere in Bezug auf die Auswahl des Coaches, beleuchtet. Ziel dieser Arbeit ist es, die Vorteile gegenüber den Nachteilen abzuwägen und zukünftige Trends am Beispiel von E-Coaching zu erörtern.

---

[1] Forschelen, B. (2017), S. 488.
[2] Vgl. Handelsblatt Management Bibliothek (2005), S. 46.
[3] Vgl. Donkor, C./ Lohmann, T./ Knorr, U. (2012), https://www.pwc.de/..., abgerufen am 06.09.2018.
[4] Vgl. BMBF (2017), http://www.datenportal.bmbf.de/..., abgerufen am 27.08.2018.

2. Personalentwicklung als Rahmenkonzept

2.1. Definition und Ziele

Die Personalentwicklung ist betriebswirtschaftlich betrachtet als ein bedeutender Bestandteil der Personalwirtschaft einzuordnen.[5] Innerhalb der Fachliteratur herrscht Heterogenität, was eine eindeutige Definition betrifft.

Zentraler Konsens besteht indes darin, dass der Begriff Personalentwicklung sämtliche Maßnahmen zur systematischen Förderung der beruflichen Handlungskompetenz von Mitarbeitern aller hierarchischen Stufen einer Organisation beinhaltet.[6] Ferner wird zwischen individueller Personalentwicklung (Qualifizierung einzelner Mitarbeiter) und kollektiver Personalentwicklung (Qualifizierung von Mitarbeitergruppen) unterschieden.[7]

Die Personalentwicklung verfolgt das Ziel, die Fach-, Methoden-, Sozial- sowie die Selbst- und Personalkompetenz seiner Mitarbeiter systematisch zu stärken, sodass diese das Vermögen besitzen, berufliche Herausforderungen selbstorganisiert zu bewältigen.[8] Eine effiziente und effektive Arbeitsbewältigung durch die Mitarbeiter ist für das Unternehmen dabei aus ökonomischen Gründen von hoher Wichtigkeit und bietet gleichzeitig einen Wettbewerbsvorteil gegenüber anderen Unternehmen.[9]

Die Ziele und Inhalte der Personalentwicklung sollten unternehmensintern strategisch begründet sein, das heißt sich auf die Qualifizierung von Mitarbeiterkompetenzen fokussieren, die zur Realisierung mittel- bis langfristiger Unternehmensziele benötigt werden (strategieorientierte Personalentwicklung).[10] Die PE-Bedarfsanalyse stellt dabei insbesondere die Verbindung zwischen Unternehmensstrategie und Personalentwicklung dar.[11]

Spezifische PE-Ziele aus Unternehmenssicht sind z. B. die Sicherung des notwendigen Fach- und Führungskräftebestands, die Entwicklung geeigneter Rekrutierungsinstrumente und Karriereangebote, die Anpassung an technologische Marktveränderungen, die Verbesserung der Mitarbeiterzufriedenheit und Motivation, die Vermittlung von Schlüsselqualifikationen, die Senkung der Fluktuation sowie die Steigerung des Arbeitgeberimages.[12]

PE-Ziele aus Sicht der Mitarbeiter sind u. a. die Aufrechterhaltung und Verbesserung der fachlichen und persönlichen Qualifikationen, die Aktivierung und Entwicklung bisher ungenutzter

---

[5] Vgl. Kaiser, T. (1994), S. 29.
[6] Vgl. Solga, M./ Ryschka, J./ Mattenklott, A. (2011), S. 19.
[7] Vgl. Rischar, K. (2003), S. 1.
[8] Vgl. Solga, M./ Ryschka, J./ Mattenklott, A. (2011), S. 20.
[9] Vgl. Stiefel, R. (2012), S. 21.
[10] Vgl. Solga, M./ Ryschka, J./ Mattenklott, A. (2011), S. 20.
[11] Vgl. Meifert, M. (2013), S. 14.
[12] Vgl. Nissen, R. (2018), https://wirtschaftslexikon.gabler.de..., abgerufen am 19.08.2018.

Potenziale, die Übertragung neuer Aufgaben, verbesserte Karriereperspektiven, die Verminderung des Risikos des Arbeitsplatzverlustes sowie eine Einkommensverbesserung sowie Selbstverwirklichung.[13]

2.2. Instrumente im Überblick

Um strategische Personalentwicklungskonzepte zu konzipieren, werden in der Praxis meistens mehrere methodische Instrumente miteinander kombiniert.[14] Im Folgenden werden die verschiedenen Instrumente anhand von Abb. 1 skizziert.

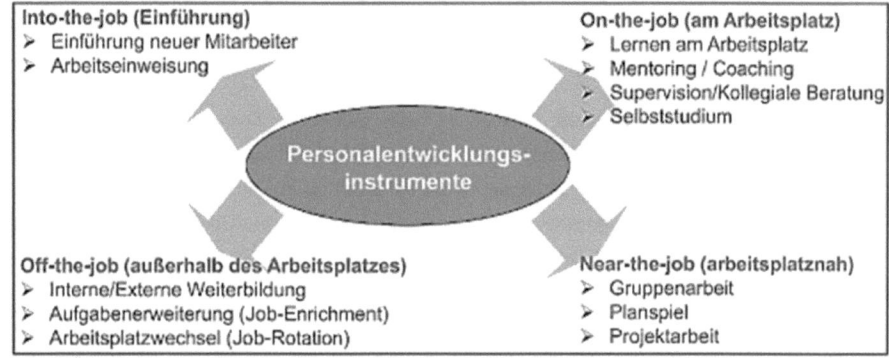

Abb. 1: Übersicht gängiger Personalentwicklungsinstrumente der Praxis

Quelle: Wegerich, C. (2015), S. 37.

Das Training into-the-job umfasst alle Maßnahmen, die den Einstieg in den Beruf betreffen. Dazu gehören u. a. die Arbeitseinweisung bzw. fachliche Unterweisung des neuen Mitarbeiters durch einen erfahrenen Kollegen, ein Einarbeitungskonzept sowie eine Einarbeitung durch einen Paten.[15]

Als Training on-the-job werden Maßnahmen bezeichnet, die direkt am Arbeitsplatz stattfinden und sich mit aktuellen Fragen beschäftigen. Entsprechende Instrumente sind u. a. Erfahrungslernen am Arbeitsleben, Mentoring, Coaching, Supervision und kollegiale Beratung, Selbststudium oder ein Auslandseinsatz.[16]

Training off-the-job bezieht sich auf die Instrumente, die außerhalb des regulären Arbeitsplatzes stattfinden. Diese können sowohl inner- als auch überbetrieblich organisiert sein. Dazu gehören

---

[13] Vgl. Nissen, R. (2018), https://wirtschaftslexikon.gabler.de..., abgerufen am 19.08.2018.
[14] Vgl. Wegerich, C. (2015), S. 37.
[15] Vgl. Wegerich, C. (2015), S. 38.
[16] Vgl. Wegerich, C. (2015), S. 43.

Instrumente wie die innerbetriebliche Weiterbildung, die externe betriebliche Weiterbildung, die Aufgabenerweiterung (Job-Enlargement) sowie ein Arbeitsplatzwechsel (Job-Rotation).[17] Das Training near-the-job bezeichnet die Maßnahmen in der direkten Nähe des Arbeitsplatzes, bei denen Lerninhalte vermittelt werden, die anschließend unmittelbar durch den Mitarbeiter transferiert werden können. Dazu gehören z. B. Instrumente wie Gruppenarbeiten, Planspiele und Projektarbeiten.[18]

Ferner gilt das Beurteilungs- und Feedbackverfahren als ein weiteres allgemeines Instrument der Personalentwicklung: Dazu gehören u. a. die Mitarbeiterbeurteilung, das 360°-Feedback und das Aufwärtsfeedback, Potenzialanalysen durch interne Sichtungsrunden sowie das Assessment Center.[19] Weitere übergreifende Instrumente der Personalentwicklung sind Nachwuchsförder- und Traineeprogramme[20] sowie Lernmethoden mit elektronischen Medien.[21]

2.3. Grundlegende Problembereiche und Herausforderungen

Nachhaltige Personalentwicklung ist für Unternehmen aufwendig, kosten- und zeitintensiv.[22] Gerade für kleinere und mittelständische Unternehmen wird die systematische Implementierung und kontinuierliche Umsetzung zu einer finanziellen Herausforderung. Aus diesem Grund wird Personalentwicklung bisher in einigen Unternehmen noch den ökonomischen Zielen untergeordnet. Infolgedessen verlaufen PE-Maßnahmen besonders in kleineren Unternehmen tendenziell unsystematisch bzw. unkoordiniert, da es keinen speziellen Beauftragten oder eine spezifische Abteilung im Unternehmen gibt.[23] Kleinere Unternehmen besitzen zudem die Herausforderung bei der Planung von Weiterbildungsmaßnahmen, personelle Engpässe auszugleichen.[24]

Im Zuge des fortschreitenden Wertewandels steigt die Erwartung der Mitarbeiter nach Entfaltungs-, Mitwirkungs- und Entwicklungsmöglichkeiten seitens des Unternehmens. Die Pflege und Motivation von Schlüsselmitarbeitenden, den High Potentials, bedarf besonderer Sorgfalt.[25] Als eine weitere zentrale Herausforderung der Personalentwicklung sind die neuen Formen der Arbeitsgestaltung zu nennen: Mit der Verflachung von Hierarchien wird es zunehmend schwieriger, klassische Führungspositionen anzubieten.[26] Dahingegen wird es

---

[17] Vgl. Wegerich, C. (2015), S. 60.
[18] Vgl. Wegerich, C. (2015), S. 64.
[19] Vgl. Paschen, M. (2004), S. 14.
[20] Vgl. Guggenberger, A. (2017), S. 262.
[21] Vgl. Zaugg, R. (2009), S. 302.
[22] Vgl. Wien, A./ Franzke, N. (2013), S.24.
[23] Vgl. Geldermann, B. (2009), S. 5ff.
[24] Vgl. Haubrock, A./ Öhlschlegel-Haubrock, S. (2009), S. 97.
[25] Vgl. Domsch, E. (2014), S. 415.
[26] Vgl. Zaugg, R. (2008), S. 27.

aufgrund des demographischen Wandels für Unternehmen zukünftig wichtiger, spezifische Fähigkeiten intern aufzubauen, weil diese nicht oder lediglich mit erheblichen Aufwand am externen Arbeitsmarkt rekrutiert werden können. Darüber hinaus wird die Halbwertszeit von Wissen stetig kürzer, bei einer gleichzeitig immer älter werdenden Belegschaft. Aus diesem Grund wird das lebenslange Lernen für Unternehmen zukünftig wichtiger.[27] Stellenweise fehlt es seitens der Geschäftsleitung bzw. den Vorgesetzten an notwendiger Unterstützung und Rückhalt gegenüber der Personalentwicklung. Indes ist es von besonderer Wichtigkeit für den Erfolg eines PE-Konzeptes, dass die Personalabteilung, das Management und die Führungskräfte gemeinsam an den strategischen Zielen mitwirken und der Personalentwicklung einen entsprechenden Stellenwert im Unternehmen beimessen. Eine zusätzliche Herausforderung liegt in der diffizilen Planbarkeit des tatsächlichen PE-Bedarfs aufgrund von zunehmenden komplexen bzw. dynamischen externen Einflussfaktoren und der daraus resultierenden kontinuierlichen Anpassung an wechselnde Bedürfnisse.[28]

Seitens der Mitarbeiter besteht zum Teil das Problemfeld der mangelnden Lernbereitschaft, Lernfähigkeit bzw. Lernmotivation.[29] Bei der Personalentwicklung kann lediglich auf das bestehende Mitarbeiterpotenzial zurückgegriffen werden, welches durch die Personalbeschaffung im Vorhinein rekrutiert wurde. Insofern besteht bei der Personalentwicklung eine enge Querverbindung zur Rekrutierungspolitik des Unternehmens. Es ist daher notwendig, dass die einzelnen Unternehmensziele ganzheitlich aufeinander abgestimmt werden.[30]

Ein weiterer wichtiger Faktor ist die sorgfältige Auswahl eines Mitarbeiters, der das entsprechend notwendige Potenzial besitzt. Mithilfe einer Personalanalyse ist es möglich, ein abgerundeteres Bild der Mitarbeiter zu erhalten und das Potenzial des einzelnen Mitarbeiters einzuschätzen. Aus diesem Grund ist eine objektive, zuverlässige und für die Personalentwicklung bedeutsame Beurteilung wichtig. Wird der Mitarbeiter nicht anforderungsgerecht ausgewählt, kann dies einerseits zu Demotivation aufgrund von Überforderung seitens des Mitarbeiters führen, andererseits entstehen dem Unternehmen nicht rentable Investitionskosten.[31] Ein zusätzliches Problemfeld besteht darin, dass der Nutzen von PE für Unternehmen zum Teil nur schwer bestimmbar ist.[32]

---

[27] Vgl. Staudinger, U. (2010), S. 164.
[28] Vgl. Kobaš, T. (2008), S. 94.
[29] Vgl. Wolff, W. (2014), S. 76.
[30] Vgl. Kobaš, T. (2008), S. 95.
[31] Vgl. Haubrock, A./ Öhlschlegel-Haubrock, S. (2009), S. 101.
[32] Vgl. Phillips, J. / Schirmer F. (2008), S. 1.

3. Coaching als Personalentwicklungsinstrument

3.1. Genese, Definition und Arten

Der Begriff Coaching leitet sich ursprünglich von dem Wort Coach (engl. Kutscher) ab und kennzeichnet dessen Aufgabe, gemeinsam mit seinen Pferden sicher und zügig ans Ziel zu gelangen. Es wird ersichtlich, dass zwischen der damaligen sprachlichen Bedeutung und dem heutigen Verständnis für Coaching ein Zusammenhang besteht. Der Kutscher trägt die verantwortungsvolle Aufgabe, seine Pferde so zu steuern, dass sie Fehltritte vermeiden, den richtigen Weg finden und diesen beibehalten. Dies wird u. a. durch eine vertrauensvolle Beziehung und durch Belohnungen erreicht, die für die Tiere motivierend sind. Die Wurzeln des Wirtschaftscoachings liegen in den USA. Mitte der 1980er Jahre erhält Coaching in Deutschland Einzug in den betrieblichen Kontext und somit ins Management. Vorher wurde Coaching bereits im Hochleistungssport zur Vorbereitung auf Wettkämpfe eingesetzt.[33] Coaching weist in seiner noch recht kurzen Geschichte eine hohe Vielfalt auf.

Heute gilt Coaching als ein effektives Instrument zur beruflichen wie zur persönlichen Weiterentwicklung, insbesondere innerhalb des Managements. Im Grunde bietet Coaching Hilfe zur Selbsthilfe für die Umsetzung von erwünschten Zielen und zukünftigen Zuständen.[34] Ab dem Jahr 2000 zeichnet sich eine Tendenz zur vertieften Professionalisierung ab. So gibt es eine zunehmend zielgruppenspezifische und methodisch differenziertere Anwendung, die Qualitätsanforderungen in der Praxis steigen und die Forschung wird intensiviert. Coaching ist indes kein geschützter Begriff und findet stellenweise inflationär Anwendung.[35] Der DBVC (Deutscher Bundesverband Coaching e. V.[36]) definiert ein optimales Coaching darüber hinaus wie folgt:

„Coaching ist die professionelle Beratung, Begleitung und Unterstützung von Personen mit Führungs- und Steuerungsfunktionen und von Experten in Organisationen. Coaching richtet sich auch aus auf die entsprechenden Gruppen und organisationalen Systeme. Sowohl im Einzel- wie im Mehrpersonen-Coaching wird dieser soziale und organisationale Kontext [...] berücksichtigt.“[37]

Coaching kann personell, organisationsbedingt und zeitlich in differenzierten Variationen verwendet werden. So wird Coaching z. B. von Einzelpersonen, Gruppen und Organisationen in

---

[33] Vgl. Bohne, C. (2015), S. 41.
[34] Vgl. O'Connell, B./ Palmer, S./ William, H. (2014), S. 17.
[35] Vgl. Berninger-Schäfer, E. (2011), S. 13.
[36] Anm. d. Verf.: Der Deutsche Bundesverband Coaching e. V. wurde 2004 gegründet und ist der führende Verband für Business Coaching und Leadership im deutschsprachigen Raum.
[37] Berninger-Schäfer, E. (2011), S. 18.

Anspruch genommen. Ausgeführt wird Coaching u. a. durch einen firmeninternen Coach, einen firmenexternen Coach oder der unmittelbaren Führungskraft. In zeitlicher Abgrenzung ist ein Coaching z. B. als kontinuierlicher Begleitprozess, im Rahmen einer Klausurtagung oder als situativ zeitbegrenzte Maßnahme einsetzbar.[38]

3.2. Ziele des Coachings aus Sicht der beteiligten Akteure Coachee, Coach und Unternehmen

Ziel eines Coachings als PE-Maßnahme ist je nach Anlass und Bedarf eine Erweiterung, eine Verbesserung und Entwicklung des Coachees oder die Anpassung an neue Situationen. Besonders im Coaching sind die individuelle Zielableitung, Zieldefinition und Zielformulierung wesentliche Einstiegselemente in den Coaching-Prozess. Durch ein Coaching können gezielt persönliche Merkmale des Coachees optimiert werden, wie z. B. seine personalen Kompetenzen, Soft Skills, Führungs-, Methoden- oder Fachkompetenzen.[39]

Der Coach fungiert als begleitender Partner, der mit seinem Coachee den Dialog unter Experten sucht. Dabei unterstützt der Coach bei der Suche nach stimmigen Zielen und optimalen Lösungswegen. Der Coach fördert während des Prozesses die Zuversicht und die persönliche Entwicklung seines Coachees.[40] Die Arbeit eines Coaches zielt zum einen auf die Steigerung beruflicher Qualifikationen ab. Zum anderen dient Coaching der Entwicklung selbstgestaltender Potenziale im Beruf - insbesondere für Managementpositionen. Weiterhin wird eine Steigerung der beruflichen Effizienz angestrebt. Im Verlauf eines Coachingprozesses, der sich klassischerweise an aktuellen Themen des Coachees orientiert, werden die schwächer ausgeprägten Kompetenzen des Coachees weiter ausgebaut.[41]

Der Coach gibt bei einer sogenannten Prozessberatung keine direkten Lösungsvorschläge, sondern er unterstützt seinen Coachee dabei, eigene Lösungen zu entwickeln. Der Coach fokussiert in der Rolle des Prozessberaters, das eigenständige Erkennen von Ursachen und bearbeitet nicht einzig die Symptome. Der Coachee lernt im Idealfall zukünftig seine Anliegen selbst zu lösen, sich klare Ziele zu setzen und wieder eigenständig effektive Arbeitsergebnisse zu produzieren. Hierbei nimmt die Selbstreflexion einen wichtigen Bestandteil des Coachingprozesses ein.[42]

Zur Zielerreichung ist es seitens des Coaches notwendig, eine absichtsvolle Arbeitsbeziehung zu seinem Coachee aufzubauen, die geprägt ist von Freiwilligkeit, Vertrauen, Akzeptanz und Diskretion, sodass es dem Coach gelingt, an sensiblen Themen zu arbeiten, ohne bei seinem

---

[38] Vgl. Berninger-Schäfer, E. (2011), S. 37.
[39] Vgl. Niermeyer, R. (2006), S. 297.
[40] Vgl. Schiessler, B. (2010), S. 268.
[41] Vgl. Schreyögg, A. (2012), S. 176.
[42] Vgl. Backhausen, W./ Thommen, J. (2006), S. 158.

Coachee ein Gefühl des „Gesichtsverlustes" hervorzurufen.[43] Im Interesse des Coaches ist es, seinen Coachee so zu unterstützen, dass dieser neue Möglichkeiten erkennt und sogleich in seinem Arbeitsalltag eigenständig zu nutzen lernt. Zusammenfassend zielt der Coach darauf ab, das Erleben und Verhalten seines Coachees zu erweitern und zu optimieren.[44] Seinerseits ist ein renommierter externer Coach, in der Rolle des Dienstleisters, aus unternehmerischer Sicht darauf bedacht, bestmöglichen Erfolg für den Auftraggeber zu erzielen, um sich durch Weiterempfehlungen Folgeaufträge zu sichern und seinen Ruf zu erhalten.[45]

Aus Unternehmenssicht bestehen beim Coaching, als Instrument der Personalentwicklung, darüber hinaus die bereits in Kapitel 2.1 genannten Ziele – und sind übertragbar auf die Mitarbeiter der Managementebene. Das Unternehmen ist an einer möglichst hohen Ergebnisqualität der eingesetzten Maßnahme interessiert, sodass die Investition in den Mitarbeiter als rentabel zu betrachten ist.[46]

---

[43] Vgl. Rauen, C. (2014), S. 54.
[44] Vgl. Rauen, C. (2014), S. 4.
[45] Vgl. Heller, S. (2014), S. 78.
[46] Vgl. Leimon, A./ Moscovici, F./ McMahon, G. (2014), S. 23.

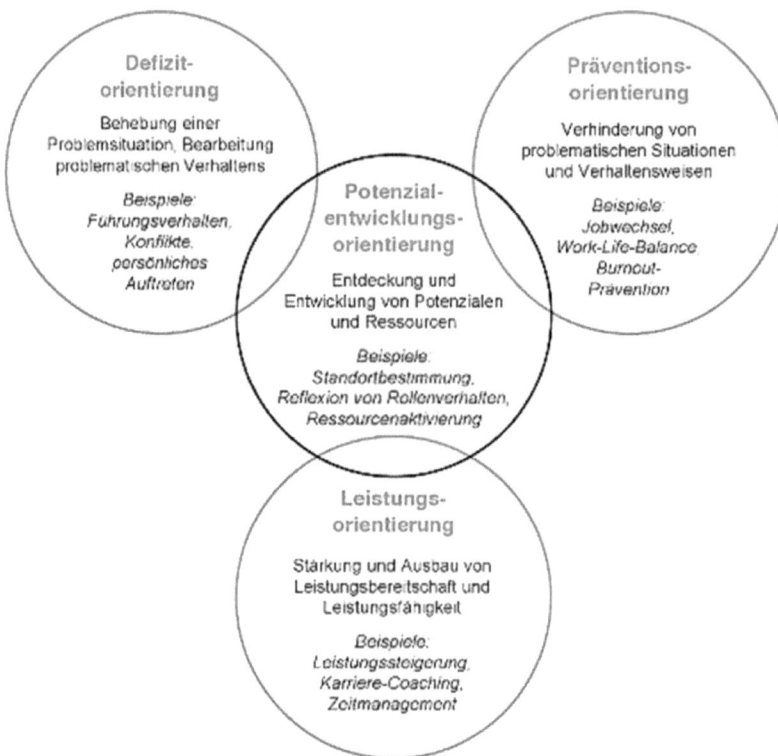

Abb. 2: Zielperspektiven des Coachings

Quelle: Rauen, C. (2014), S. 24.

Die Zielperspektiven des Coachings lassen sich darüber hinaus hinsichtlich der Ausprägungen Defizitorientierung, Potenzialentwicklungsorientierung, Präventionsorientierung sowie Leistungsorientierung differenzieren (s. Abb. 2).[47]

3.3. Idealtypischer Prozess des Coachings im Überblick

Im folgenden Kapitel wird sich auf den exemplarischen Ablauf eines Einzelcoachings durch einen organisationsexternen Coach fokussiert (s. Abb. 3).

---

[47] Vgl. Rauen, C. (2014), S. 24.

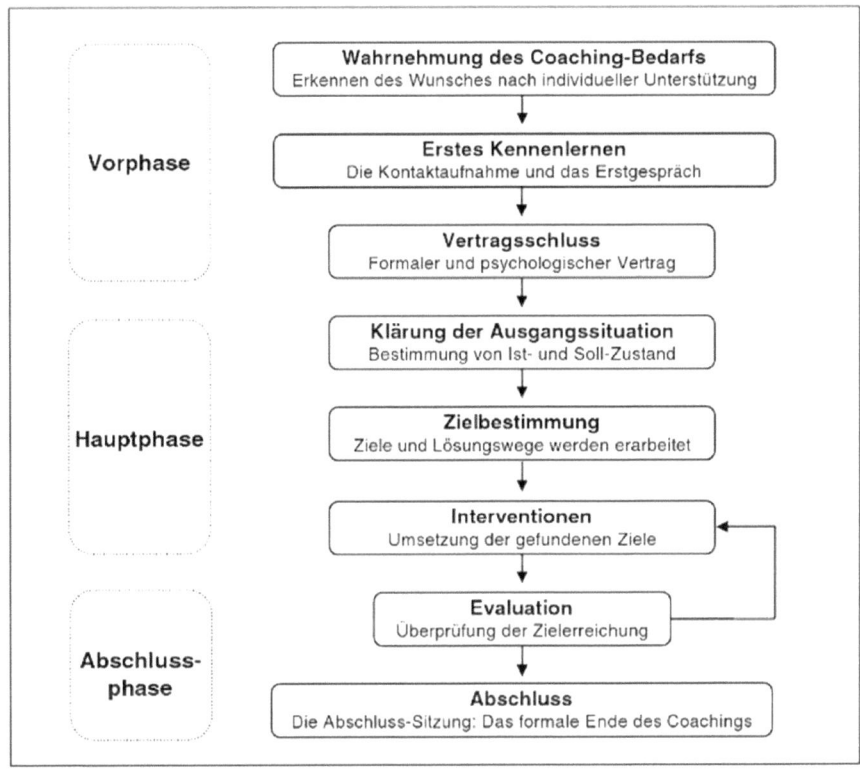

Abb. 3: Der schematische Ablauf eines Coaching-Prozesses

Quelle: Rauen, C. (2005), S. 275.

Der Prozess nach Rauen (2005) lässt sich in Vor-, Haupt- und Abschlussphase gliedern. In der Vorphase wird ein Coaching-Bedarf durch das Unternehmen wahrgenommen. Alternativ ist es möglich, dass der entsprechende Mitarbeiter selbst den Wunsch nach individueller Unterstützung erkennt.[48] Vor der Kontaktaufnahme ist es notwendig, einen qualifizierten Coach zu finden, dies kann mitunter eine Herausforderung darstellen. Der Anbietermarkt in Deutschland lässt sich zum Status quo als recht groß und intransparent charakterisieren.[49] Es ist ggf. sinnvoll, wenn der Coach über Branchenerfahrung verfügt und sein Arbeitsschwerpunkt

---

[48] Vgl. Rauen, C. (2005), S. 274.
[49] Vgl. Christopher Rauen GmbH (2018a), https://www.coaching-report.de..., abgerufen am 21.08.2018

zum Anliegen des Coachees passt. Idealerweise wird sich bei der Anbieterauswahl an Vorerfahrungen oder Weiterempfehlungen orientiert.[50]

Im Anschluss folgt das erste Kennenlernen zwischen Coach und Coachee. Hierbei soll möglichst herausgefunden werden, ob der gefundene Coach für das Anliegen geeignet ist. Dabei können z. B. Check- und Fragelisten unterstützen, in denen die Erwartungen an das Coaching formuliert sind. Es ist wichtig, die Vorstellungen und Wünsche offen mit dem Coach zu besprechen und die Qualifikationen des Coaches zu prüfen. Der Coach schildert die Möglichkeiten und Grenzen seines Beratungsansatzes und prüft seinerseits, ob die Voraussetzungen für eine Coaching-Beziehung vorliegen.[51] Sind beide Parteien von einer gemeinsamen Zusammenarbeit überzeugt und liegt der Coach im Budgetrahmen des Unternehmens, folgt der Vertragsabschluss.[52]

In der Hauptphase wird zunächst die Ist- und Soll-Situation des Coachees analysiert. Der Coachee ist hierbei aufgefordert, die aktuellen und zukünftigen Arbeitsgegebenheiten, wie z. B. Lernen am Arbeitsplatz, Konflikte, Arbeitsklima, Kooperationsfähigkeit präzise darzulegen. Es ist von eklatant hoher Wichtigkeit, dass sich der Coach ebenfalls selbst ein Bild vom Arbeitsplatz bzw. der Abteilung im Ist-Zustand macht. Daraufhin wird gemeinschaftlich der Soll-Zustand ermittelt, (Teil-)Ziele erschlossen und Lösungswege erarbeitet.

In der Abschlussphase werden die formulierten Ziele evaluiert. Bei Bedarf wird eine erneute Intervention seitens des Coaches vorgenommen. Hat sich eine positive Zielerreichung verfestigt, d. h. fühlt sich der Coachee in der Führungsposition wieder selbstsicher und erfolgreich, findet eine Abschlusssitzung des Coachingprozesses statt.[53]

3.4. Erfolgskontrolle des Coachings

Aus verschiedenen Perspektiven betrachtet ist die Frage nach dem Erfolg von Coaching wichtig. Für das Unternehmen als Auftraggeber ist die Coachingmaßnahme eine finanzielle Investition, an die eine gewisse Erwartungshaltung in Hinblick auf sichtbare Ergebnisse geknüpft ist. Personalmanager sind daran interessiert zu wissen, inwiefern sich die getätigte Investition gelohnt hat, denn ihrerseits stehen sie unter dem Druck, ihr Budget optimal zu verwalten und entsprechende Kosten zu rechtfertigen.[54]

---

[50] Vgl. Rauen, C. (2005), S. 275.
[51] Vgl. Rauen, C. (2015), S. 276.
[52] Vgl. Bohne, C. (2015), S. 46.
[53] Vgl. Bohne, C. (2015), S. 46.
[54] Vgl. Offermanns, M./ Steinhübel, A. (2006), S. 186.

- 12 -

Einen ersten Ansatz zur Erfolgskontrolle von Coaching auf Grundlage einer Return on Investment-Berechnung im deutschsprachigen Raum lieferten im Jahre 2008 Phillips und Schirmer. Dabei zeigten sie auf, dass eine finanzielle Bewertung des Coachingnutzens grundsätzlich möglich ist.[55] In der Literatur sind bisher kaum weitere Beispiele der betriebswirtschaftlichen Erfolgskontrolle in Hinblick auf die Effizienz zu finden. Hinsichtlich quantitativer Kennzahlen ist die Bewertung nach Erfolg oder Misserfolg schwierig vorzunehmen: Viele Kennzahlen sind nicht eindeutig valide zuzuordnen, da sie zusätzlich durch weitere Faktoren und externe Rahmenbedingungen beeinflusst werden.[56]

Um den Erfolg von Coachingmaßnahmen bewerten zu können, werden vorab definierte Parameter und Qualitätskriterien benötigt. In Hinblick auf personenbezogene Coachingziele ist eine vollkommene Objektivität nicht zu erreichen, daher sollte darauf geachtet werden, dass die Ziele vorab möglichst SMART[57] formuliert sind. Insbesondere 360°-Beurteilungen im Vorher-Nachher-Vergleich können Rückschlüsse auf die Erreichung des gewünschten Ergebnisses geben. Hilfreich für die ganzheitliche Beurteilung der Erfolgskontrolle sind Evaluationen, besonders gebräuchlich im Personalwesen ist Kirkpatricks 4-Level-Evaluation (s. Abb. 4).[58]

---

[55] Vgl. Schumann, K. (2014), S. 20.
[56] Vgl. Offermanns, M./ Steinhübel, A. (2006), S. 186.
[57] Anm. d. Verf.: SMART ist ein Akronym für Specific Measurable Achievable Reasonable Time bound und dient z. B. im Rahmen von Mitarbeiterführung und Personalentwicklung als Kriterium zur eindeutigen Definition von Zielen im Rahmen einer Zielvereinbarung.
[58] Vgl. Offermanns, M./ Steinhübel, A. (2006), S. 189.

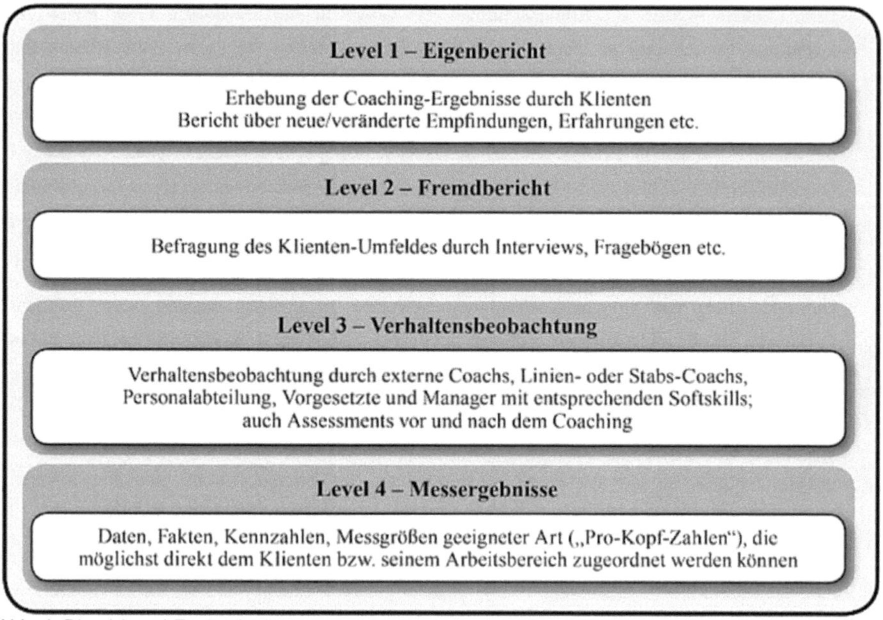

Abb. 4: Die „4-Level-Evaluation"

Quelle: Weingärtner, E. (2014), S. 85.

4. Würdigung des Coachings im Personalentwicklungskontext

4.1. Nutzenpotenziale aus Unternehmenssicht

Coaching als Instrument der Personalentwicklung hat sich in den letzten Jahren sowohl in der Praxis als auch in der Forschung professionalisiert. 2014 lagen erstmals ausreichend empirische Wirksamkeitsstudien vor, sodass eine Meta-Analyse durchgeführt werden konnte. Theeboom hat in seiner Meta-Analyse „Does Coaching Work?" 18 empirische Studien integriert, um daran allgemeine Schlussfolgerungen über die Wirksamkeit von Business-Coaching abzuleiten.[59] Dabei wurden die Effekte in fünf Gruppen gegliedert, welche allesamt mittelgroße Ausprägungen aufweisen. Laut Theebooms Untersuchung erzielt Coaching die größte Wirkung auf die zielbezogene Selbstregulation: Mitarbeitern fällt es nach dem Coaching einfacher, sich Ziele zu setzen, diese zu erreichen und zu bewerten. Als zweithöchste Ausprägung wurde der Effekt der Leistung bestimmt: Coachees werden nach seinen Erkenntnissen durch ein Coaching leistungsfähiger. Zudem wirkt Coaching positiv auf zentrale Einstellungen in Bezug auf die Arbeit

---

[59] Theeboom, T./ Beersma, B./ Vianen, A. (2014), S. 1ff.

(z. B. Arbeitszufriedenheit), das Wohlbefinden (z. B. Stress und emotionale Erschöpfung) und verbessert die Strategien zur Stressbewältigung.[60]

Die Ergebnisse sind mit Einschränkungen zu bewerten, denn es existieren vergleichsweise nur wenige Wirksamkeitsstudien, die sich nicht einzig auf die Selbstauskünfte der Coachee stützen. Außerdem zeigen sich nach dem Fazit von Kotte et. al. (2016) zwischen den Metaanalysen und innerhalb der einzelnen Metaanalysen eine starke Bandbreite an Effektstärken.[61] Das Fazit, dass Coaching wirkt, gelte somit nicht für jedes Coaching. Übereinstimmend steht für die Forscher jedoch fest, dass Coaching im organisationalen Anwendungsbereich für Unternehmen positive Effekte erzielt.[62]

Zusammenfassend lässt sich anhand der skizzierten Forschungsergebnisse zur Wirksamkeit von Coachingmaßnahmen ein gutes Nutzenpotenzial für Unternehmen in Bezug auf die in diesem Kapitel genannten Effektvariablen ableiten. Es ist zu betonen, dass es innerhalb der Metaanalysen Einschränkungen bezüglich der Effektstärken gibt. Mögliche Problemfelder und Ursachen, die das Nutzenpotenzial für Unternehmen negativ beeinflussen können, werden folgend erläutert.

4.2. Problembereiche des Coachings

4.2.1. Problembereiche im Überblick

In diesem Kapitel werden die Risikofaktoren skizziert, die sich im Laufe eines Coaching-Prozesses ergeben können und die daher unbedingt Berücksichtigung finden sollten. Die Problembereiche können ihren Ursprung, in der Theorie und Ausbildung, der Persönlichkeit oder dem Verhalten des Coaches, der Persönlichkeit oder dem Verhalten des Coachees, oder im Umfeld haben. Die genannten Kategorien sind dabei nicht unabhängig voneinander.[63]

Externe Coachings bedingen oftmals hohe Kosten für die Unternehmen als Auftraggeber.[64] Seitens der Geschäftsleitung führt es aus diesem Grunde häufig zu Widerständen. Weitere Vorbehalte gibt es darüber hinaus teilweise seitens des Coachees: Dies ist z. B. der Fall, wenn das Coaching verstärkt defizitorientierte Hintergründe besitzt. Dies kann dazu führen, dass innerhalb der Belegschaft der Ruf des Coachees leidet und eine Coaching-Maßnahme somit zukünftig einer Stigmatisierung gleicht.[65] Ein weiteres Problem kann in einer forcierten Freiwilligkeit liegen. Steht ein Mitarbeiter vor einer großen Herausforderung und das

---

[60] Vgl. Schermuly, C. (2016), S. 206.
[61] Vgl. Kotte, S./ Hinn, D./ Oellerich, K./ Möller, H. (2016), S. 20.
[62] Vgl. Christoph Rauen GmbH (2018b), https://www.coaching-report.de/..., abgerufen am 22.08.2018.
[63] Vgl. Künzli, H. (2013b), https://www.coaching-magazin.de/, abgerufen am 24.08.2018.
[64] Vgl. Lippmann, E. (2009), S. 32.
[65] Vgl. Rauen, C. (2014), S. 102.

Unternehmen bietet ihm eine Coaching-Maßnahme als Unterstützung an, ist es oftmals kaum möglich, diese ohne Konsequenzen ablehnen zu können. Dabei ist, wie in Kapitel 3.2 beschrieben, Freiwilligkeit eine wesentliche Bedingung für den Erfolg einer Maßnahme.[66]

Wie in Kapitel 3.4 bereits erläutert, besteht ein weiteres Problem in der Messbarkeit: Der Erfolg einer Maßnahme ist nicht eindeutig bestimmbar.[67] Werden die gewünschten Ergebnisse nicht erzielt, ist es oft naheliegend einen Schuldigen zu suchen. Der Coach findet sich daher häufig in der Rolle des „Sündenbocks" wieder, obwohl sowohl Coach als auch Coachee beide im gleichen Maße für den Erfolg verantwortlich sind. In der Regel sind einseitige Schuldzuweisungen nicht möglich.[68]

Die Übertragung von (stilisierten) Idealen sowie beiderseitig falsche Erwartungshaltungen im Vorhinein gelten als weitere Problemfelder des Coachings.[69]

Ferner ist eine optimale Zeitdauer des Coachings zu wählen. Es besteht die Gefahr, dass eine Coachingmaßnahme zu kurz gewählt wird, z. B. weil der Coachee auf eine schnelle Lösung seines Problems drängt. In einer verkürzten Zeit ist es allerdings meist nur möglich an den Symptomen zu arbeiten. Während eines Coachings ist es indes wichtig, dass keine Hektik oder Stress erzeugt wird. Ein Coaching benötigt unbedingt eine Abschlusssitzung, daran sollte niemals gespart werden. Es ist darauf zu achten, dass eine Coachingmaßnahme nicht zu lange andauert. Wenn der Coachee seine eigentlichen Ziele erreicht hat, sollte das Coaching beendet werden.[70]

Darüber hinaus besteht das Risiko, dass der Coach sein Vertrauensverhältnis indiskret missbraucht[71] oder dass sich z. B. zwischenmenschliche Spannungen zwischen Coach und Coachee entwickeln, die zu Kräftemessen in Form von Machtspielen führen.[72] Ein weiteres Problemfeld besteht in der gezielten Anpassung des Individuums an die Organisation: Der Coach sollte sich nicht durch Vorgaben des Unternehmens beeinflussen lassen und daher seinen Coachee nicht gezielt manipulieren. In erster Linie ist der Coach seinem Coachee verpflichtet und kein Erfüllungsgehilfe des Unternehmens.[73] Ferner besteht das Problemfeld Kompetenzüberschreitung: Während des Coachings können tiefergehende Probleme des Coachees sichtbar werden, die im Rahmen eines Coachings nicht fachgerecht bearbeitet

---

[66] Vgl. Rauen, C. (2014), S. 102.
[67] Offermanns, M./ Steinhübel, A. (2006), S. 186.
[68] Vgl. Rauen, C. (2014), S. 105.
[69] Vgl. Rauen, C. (2014), S. 107.
[70] Vgl. Rauen, C. (2014), S. 106.
[71] Vgl. Rauen, C. (2005), S. 161.
[72] Vgl. Rauen, C. (2014), S. 105.
[73] Vgl. Rauen, C. (2014), S. 105.

werden können, z. B. Abhängigkeitserkrankungen sowie neurotische oder psychotische Zustände. In diesen Fällen kann der Coach einzig auf andere Institutionen verweisen, z. B. Therapieeinrichtungen oder Selbsthilfegruppen.[74]

Im nachfolgenden Kapitel werden die Probleme bei der Coach-Auswahl näher analysiert.

4.2.2. Fokus 1: Auswahl des Coaches als Problem

Die erste Entscheidung bei der Auswahl eines Coaches liegt darin, ob das Unternehmen auf einen externen oder internen Coach zurückgreift. Fällt die Entscheidung auf einen internen Coach, spart dies einerseits Kosten, andererseits ist eine unabhängige Neutralität ggf. nicht hinreichend gewahrt. Der Coachee kann diese Situation unter Umständen als manipulativ empfinden. Ein Vertrauensverhältnis auf Augenhöhe zwischen Coach und Coachee wird in dieser Konstellation nur schwer möglich sein. Der Coachee öffnet sich möglicherweise nicht weit genug oder verstellt sich, dann ist ein effektives Coaching nicht mehr möglich.[75]

Im Jahr 2014 gab es deutschlandweit rund 8.000 externe Coaches bei einer steigenden Nachfrage. Der Coachingmarkt ist als kaum reguliert zu charakterisieren. Der Begriff Coach ist allerdings keine geschützte Berufsbezeichnung. Daher gibt es eine große Spanne in Hinblick auf die Qualifikationstiefe. Nicht selten besitzen z. B. Quereinsteiger nur unzureichende Methodenkompetenzen, Erfahrungen oder psychologisches Vorwissen.[76] Als Problematik der Coachauswahl zeichnet sich eine mangelnde Möglichkeit der Qualitätskontrolle ab. Mögliche Qualitätssiegel geben bisher nur unzureichend Aufschluss über die tatsächliche Qualität des Coachings. Mithilfe von Erfahrungsberichten, Empfehlungen sowie dem Aufbau von Coach-Pools können Unternehmen diesen Teil des Problembereichs jedoch minimieren.[77]

Weitere problematische Effekte seitens des Coaches ergeben sich bei einer einseitigen Problemorientierung. Eine zu ausgeprägte Defizitorientierung kann den Erfolg des Coachings markant beeinträchtigen. Ein ganzheitliches Coaching sollte darüber hinaus potenzialorientiert, lösungsorientiert und entwicklungsorientiert sein.[78]

4.2.3. Fokus 2: Diffizile Nutzenbestimmung bei hohen Kosten

Wie in Kapitel 3.4. analysiert, ist die Nutzenbestimmung von Coaching als diffizil zu betrachten, da sich die Auswirkungen oft erst langfristig zeigen und zudem von anderen Variablen beeinflusst werden. Um das Kapital für PE-Maßnahmen, wie z. B. dem Coaching, möglichst

[74] Vgl. Christoph Rauen GmbH (2018c), https://www.coaching-report.de/..., abgerufen am 22.08.2018.
[75] Vgl. Rauen, C. (2014), S. 104.
[76] Vgl. Tenzer, E. (2014), S. 32ff.
[77] Vgl. Rauen, C. (2014), S. 103.
[78] Vgl. Rauen, C. (2014), S. 102.

optimal einzusetzen, ist es ratsam ein PE-Controlling zur Nutzenoptimierung im Unternehmen zu implementieren. Das PE-Controlling im Rahmen des Funktionszyklus liefert wichtige Informationen zur aktiven Planung und Steuerung der Personalentwicklung.[79] Der ganzheitliche Funktionszyklus besteht aus sechs Phasen. Anschaulich dargestellt ist der Prozess in den Abb. 5[80] und Abb. 6[81]. Demnach gliedert sich der Funktionszyklus in eine Bedarfsanalyse (Ursachen-/Situations- und Kontextanalyse, Ergebnisdokumentation), der Zielsetzung, kreativer Gestaltung (u. a. Entwicklung der Evaluationsinstrumente, Maßnahmenevaluierung, finanzielle Ressourcenplanung), Durchführung (Nachbereitung), Erfolgskontrolle (pädagogische und betriebswirtschaftliche Erfolgskontrolle) sowie Transfersicherung (inhaltlicher, methodischer, organisatorischer und personeller Transfer).[82]

Laut Becker (2011) ist festzustellen, dass die Erhebungstechnik, die Auswahl der Indikatoren sowie der Toleranzbereiche einer gewissen Willkür unterliegen. Die Entwicklungen lassen sich nicht sicher vorhersagen. Zusätzlich erschwert die hohe Komplexität der Daten die Erhebungen.[83] PE-Controlling kann indes Unternehmen dabei helfen die Risikofaktoren von PE-Maßnahmen wie dem Coaching, zusätzlich zu minimieren. Gerade die Kosten eines Einzelcoachings können für die Unternehmen sehr hoch sein.[84] Es ist festzuhalten, dass es sich beim Coaching als PE-Maßnahme um eine asymmetrische Kosten-Nutzen-Relation handelt: Die Kosten von Coachingmaßnahmen lassen sich gut bestimmen, der Nutzen hingegen ist nicht eindeutig bestimmbar.[85] Es lässt sich zusammenfassend betonen, dass Humankapital einen sehr bedeutsamen Erfolgsfaktor für Unternehmen darstellt. Dementsprechend sind qualitativ hochwertige Investitionen, wie z. B. ein Einzelcoaching, im Personalwesen mit entsprechend hohen Kosten verbunden.[86] Es liegt nun an den Entscheidern der Unternehmen, inwiefern sie dem Humankapital einen entsprechend großen monetären Stellenwert beimessen.

5. Neue Formen: E-Coaching

Das Face-to-Face-Coaching ist derzeit nach wie vor eines der am weitverbreitetsten und akzeptiertesten Formen des Coachings. Wegener (2013) schätzt den Einsatz von modernen Medien wie Telefon, Skype, E-Mail und Chat innerhalb des Coachings für zunehmend selbstverständlich werdend ein. Demnach positiv fällt seine Einschätzung des Marktpotenzials für E-Coaching aus. Es gibt zunehmend Fachliteratur in diesem Anwendungsgebiet, allerdings

---

[79] Vgl. Becker, M. (2011), S. 293.
[80] Zur besseren Lesbarkeit befindet sich die Abbildung im Anhang S. 26.
[81] Zur besseren Lesbarkeit befindet sich die Abbildung im Anhang S. 27.
[82] Vgl. Becker, M. (2011), S. 296.
[83] Vgl. Becker, M. (2011), S. 298.
[84] Vgl. Gülpel, B. (2004), S. 113.
[85] Vgl. Geißler, H. (2011), S.131.
[86] Vgl. Schütte, M. (2004), S. 99ff.

bisher noch wenig empirische Studien.[87] Kennzeichnend für E-Coaching ist, dass sich Coach und Coachee in den Sitzungen nicht persönlich treffen. Der Kontakt kann schriftlich erfolgen (z. B. zeitversetzt via E-Mail oder zeitgleich via Chat), auditiv (via Audioübertragung) oder audiovisuell, d. h. mithilfe von Videotelefonie.[88]

Ein Vorteil besteht beim E-Coaching darin, dass die Sitzungen unabhängig von Raum und Zeit durchgeführt werden können. Besonders gefordert und gefördert wird dies durch die zunehmend globalisierte Arbeitswelt sowie die verstärkten technologischen Fortschritte des digitalen Zeitalters.[89] Negativ wird u. a. beurteilt, dass die Intensität der Kommunikationskanäle beim E-Coaching vermindert ist. Die Analyse und Interpretation von verhaltensbedingten Ausprägungen sind somit nicht ganzheitlich möglich. So wird z. B. bei einem reinen auditiven Coachings via Telefon keine Körpersprache des Coachees sichtbar.[90] E-Coaching bietet eine wichtige Alternative für z. B. international agierende Mitarbeiter und bietet gleichzeitig einen Vorteil in der Flexibilisierung des jeweiligen zeitlichen Aufwands sowie die Erleichterung der Diskretion.[91]

Als weitere mögliche Variante des E-Coachings, die den Trend ggf. weiter anfacht, ist der Einsatz von VR (Virtual Reality) zu benennen.[92] VR besitzt die Chance multisensorisch zu agieren, sodass hierbei das Potenzial freigesetzt wird, dass die Sitzungen realitätsnäher empfunden werden. Rauen sieht die Möglichkeit, dass VR einen Perspektivwechsel und Empathie unterstützen kann.[93]

6. Fazit und Ausblick

Zusammenfassend wurde festgestellt, dass externe Einflüsse, wie der demographische Wandel, die zunehmenden Qualifikationsforderungen seitens der Mitarbeiter sowie technologische Fortschritte den Bedarf nach ganzheitlicher Personalentwicklung fördern. PE-Maßnahmen verursachen für die Unternehmen hohe Kosten, deren messbare Effizienz nur diffizil zu bestimmen ist. Aus ökonomischer Perspektive ist es für Unternehmen jedoch von hoher Bedeutung in Humankapital zu investieren, um daraus z. B. zukünftige Wettbewerbsvorteile zu gewinnen und die eigene Marktposition zu sichern.

Personalentwicklung besitzt verschiedene Dimensionen, die gemeinsam darauf abzielen die Handlungskompetenz der Mitarbeiter systematisch zu fördern. Coaching, als ein On-The-Job-

---

[87] Vgl. Wegener, R. (2013), S. 407.
[88] Vgl. Geißler, H./ Kanatouri, S. (2015), S. 414.
[89] Vgl. Adler, D./ Carolus, A. (2017), https://www.coaching-magazin.de/..., abgerufen am 26.08.2018.
[90] Vgl. Erpenbeck, J./ Sauter, S./ Sauter, W. (2015), S. 35.
[91] Vgl. Künzli, H. (2013a), S. 402.
[92] Vgl. Anderland, A. (2017), https://coaches.xing.com/magazin/..., abgerufen am 26.08.2018.
[93] Vgl. Ebermann, D. (2017), https://www.coaching-magazin.de/..., abgerufen am 26.08.2018.

Instrument der Personalentwicklung, richtet sich indes vordergründig an Mitarbeiter des Managements. Coaching beinhaltet einige Risiken, die sich unternehmensintern zumindest minimieren lassen, in dem sich das Unternehmen an dem idealtypischen Prozess orientiert, intern eine ganzheitliche Akzeptanz schafft, einen festen Beauftragten für Personalentwicklungsthemen schafft, einen nachhaltigen Coach-Pool aufbaut sowie ein PE-Controlling implementiert.

Die Coachingforschung ist zum Status quo weiterhin ausbaufähig. Viele Fragen, darunter z. B. auch die nach der Klärung des optimalen Coaching-Konzepts selbst, sind noch nicht abschließend geklärt. Weitere Fragen werden zudem im künftigen Wissenschaftsdiskurs erst noch intensiviert, darunter die empirische Untersuchung nach einer messbaren Erfolgsoptimierung.[94] Um die Qualität, die Markttransparenz, das Image und den Professionalisierungsgrad der Coaches weiter zu steigern, wird eine einheitliche Zertifizierung bzw. Ausbildung nötig sein.[95]

Präsenzcoaching wird nach wie vor als wichtiges Fundament bestehen bleiben, allerdings werden die modernen Formen des Coachings zunehmend an Bedeutung gewinnen, so z. B. das E-Coaching. Variationen wie z. B. der Einsatz von VR wird die Attraktivität weiter steigen lassen. Seitens der Personalentscheider bleibt weiterhin zu beobachten, welche Trends sich in der Personalentwicklung ergeben und diese ganzheitlich und nachhaltig im Unternehmen zu implementieren.

---

[94] Vgl. Wegener, R. (2013), S. 407.
[95] Vgl. Böning, U./ Fritschle, B. (2005), S. 150.

Quellenverzeichnis

Literatur:

Backhausen, W./ Thommen, J. (2006):

Coaching: Durch systematisches Denken zu innovativer Personalentwicklung, 3. Aufl., Wiesbaden 2006.

Becker, M. (2011):

Systematische Personalentwicklung: Planung, Steuerung und Kontrolle im Funktionszyklus, 2. Aufl., Stuttgart 2011.

Berninger-Schäfer, E. (2011):

Orientierung im Coaching, Stuttgart 2011.

Bohne, C. (2015):

Blended Coaching als Instrument der Personal- und Organisationsentwicklung, Hamburg 2015.

Böning, U./ Fritschle, B. (2005):

Coaching fürs Business: Was Coaches, Personaler und Manager über Coaching wissen müssen, Bonn 2005.

Domsch, E. (2014):

Personalplanung und Personalentwicklung für Fach- und Führungskräfte; in: Rosenstiel, L./ Regnet, E./ Domsch, E. (Hrsg.): Führung von Mitarbeitern: Handbuch für erfolgreiches Personalmanagement, 7. Aufl., Stuttgart 2014, S. 415-428.

Erpenbeck, J./ Sauter, S./ Sauter, W. (2015):

E-Learning und Blended Learning: Selbstgesteuerte Lernprozesse zum Wissensaufbau und zur Qualifizierung, Wiesbaden 2015.

Forschelen, B. (2017):

Kompendium der Zitate für Unternehmer und Führungskräfte, Wiesbaden 2017.

Geißler, H. (2011):

Coaching meets Training – zur Lösung des Transferproblems durch „Virtuelles Transfercoaching (VTC)"; in: Wegener, R./ Fritze, A./ Loebbert, M. (Hrsg.): Coaching entwickeln: Forschung und Praxis im Dialog, Wiesbaden 2011, S. 123-134.

Geißler, H./ Kanatouri, S. (2015):

Coaching mit modernen Medien; in: Schreyögg, A./ Schmidt-Lellek, C. (Hrsg.): Die Professionalisierung von Coaching: Ein Lesebuch für den Coach, Wiesbaden 2015, S. 399-419.

Geldermann, B. (2009):

Einführung; in: Loebe, H./ Severing, E. (Hrsg.): Krisenfeste Personalentwicklung: Gestaltungsfelder und Beispiele guter Praxis, Bielefeld 2009, S. 5-12.

Guggenberger, A. (2017):

Strategische und kompetenzorientierte Personalentwicklung; in: Rosenberger, B. (Hrsg.): Modernes Personalmanagement: Strategisch – operativ – systematisch, 2. Aufl., Wiesbaden 2017, S. 261-270.

Gülpel, B. (2004):

Mitarbeiter fördern: Programme zur Personalentwicklung, Stuttgart 2004.

Handelsblatt Management Bibliothek (2005):

Die bedeutensten Management-Vordenker: Band 3, Frankfurt 2005.

Haubrock, A./ Öhlschlegel-Haubrock, S. (2009):

Personalmanagement, 2. Aufl., Stuttgart 2009.

Heller, S. (2014):

Erfolgreich am Bildungsmarkt als Berater, Coach und Trainer: Identität, Positionierung, Orientierung und strategische Vertriebskanäle, Norderstedt 2014.

Kaiser, T. (1994):

Personalwirtschaft: Personalbedarf, Personalbeschaffung, Personalentwicklung, Personaleinsatz; Entgelt- und Sozialpolitik; arbeitsrechtliche Rahmenbedingungen, Arbeitsgerichtbarkeit, Wiesbaden 1994.

Kobaš, T. (2008):

Personalentwicklung als Aufgabe der strategischen Unternehmensführung, München 2008.

Kotte, S./ Hinn, D./ Oellerich, K./ Möller, H. (2016):

Der Stand der Coachingforschung: Kernergebnisse der vorliegenden Metaanalysen; in: Organisationsberatung Supervision Coaching, o. Jg., 2016, Nr. 1, S. 5-23.

Künzli, H. (2013a):

Weitere Entwicklung des Coachings; in: Lippmann, E. (Hrsg.): Coaching: Angewandte Psychologie für die Beratungspraxis, 3. Aufl., Heidelberg, S. 369-425.

Leimon, A./ Moscovici, F./ McMahon, G. (2014):

Business-Coaching, Paderborn 2014.

Lippmann, E. (2009):

Grundlagen; in: Lippmann, E. (Hrsg.): Coaching: Angewandte Psychologie für die Beratungspraxis, 2. Aufl., Heidelberg 2009, S. 13-52.

Meifert, M. (2013):

Was ist strategisch an der strategischen Personalentwicklung?; in: Meifert, M. (Hrsg.): Strategische Personalentwicklung: Ein Programm in acht Etappen, 3. Aufl., Wiesbaden 2013, S. 3-28.

Niermeyer, R. (2006):

Coaching: Ziele entwickeln, Selbstvertrauen stärken, Erfolge kontrollieren, 4. Aufl., Freiburg 2006.

O'Connell, B./ Palmer, S./ William, H. (2014):

Lösungsorientiertes Coaching in der Praxis, Paderborn 2014.

Offermanns, M./ Steinhübel, A. (2006):

Coachingwissen für Personalverantwortliche, Frankfurt 2006.

Paschen, M. (2004):

Instrumente der Personalentwicklung, Norderstedt 2004.

Phillips, J./ Schirmer, F. (2008):

Return on Investment in der Personalentwicklung, 2. Aufl., Berlin 2008.

Rauen, C. (2005):

Handbuch Coaching, 3. Aufl., Göttingen 2005.

Rauen, C. (2014):

Coaching: Praxis der Personalpsychologie, 3. Aufl., Göttingen 2014.

Rischar, K. (2003):

Die praktische Verwirklichung der Personalentwicklung im Betrieb – Leistungspotenziale – Fördermaßnahmen – Evaluation, Renningen 2003.

Schermuly, C. (2016):

Negative Effekte von Coaching für Klienten; in: Triebel, C./Heller, J./ Hauser, B./Koch, A. (Hrsg.): Qualität im Coaching - Denkanstöße und neue Ansätze: Wie Coaching mehr Wirkung und Klientenzufriedenheit bringt, Heidelberg 2016, S. 205-214.

Schiessler, B. (2010):

Coaching als Maßnahme der Personalentwicklung: Aktuelle Praxis, Analyse und wissenschaftlicher Ansatz für eine einheitliche Coachingmethode, Wiesbaden 2010.

Schreyögg, A. (2012):

Coaching: Eine Einführung für Praxis und Ausbildung, 7. Aufl., Frankfurt 2014.

Schumann, K. (2014):

Coaching im Aufwind – Professionelles Business-Coaching: Inhalte, Prozesse, Ergebnisse und Trends, Wiesbaden 2014.

Schütte, M. (2004):

Wie kann das Humankapital im Managementprozess seiner Bedeutung entsprechend verankert werden?; in: Dürndorfer, M./ Friederichs, P. (Hrsg.): Human Capital Leadership, Hamburg 2004, S. 99-116.

Solga, M./ Ryschka, J./ Mattenklott, A. (2011):

Personalentwicklung: Gegenstand, Prozessmodell, Erfolgsfaktoren; in: Ryschka, J./ Solga, M./ Mattenklott, A. (Hrsg.): Praxishandbuch Personalentwicklung - Instrumente, Konzepte, Beispiele, 3. Aufl., Wiesbaden 2011, S. 19-34.

Staudinger, U. (2010):

Strategische Personalentwicklung und demographischer Wandel; in: Kaudelka, K./ Kilger, G. (Hrsg.): Die Arbeitswelt von morgen: Wie wollen wir leben und arbeiten?, Bielefeld 2010, S. 163-184.

Stiefel, R. (2012):

Strategieumsetzende Personalentwicklung: Schneller lernen als die Konkurrenz, Wien 2012.

Tenzer, E. (2014):

Coaching: Wie Sie Risiken vermeiden; in: Psychologie heute, 41. Jg., 2014, Nr. 11, S. 32-36.

Theeboom, T./ Beersma, B./ Vianen, A. (2014):

Does coaching Work? A meta-analysis on the effects of coaching on individual level outcomes in an organizational context; in: The Journal of Positive Psychology, o. Jg., 2014, Nr. 9, S. 1-18.

Wegener, R. (2013):

Coachingforschung; in: Loebbert, M. (Hrsg.): Professional Coaching: Konzepte, Instrumente, Anwendungsfelder, Stuttgart 2013, S. 381-414.

Wegerich, C. (2015):

Strategische Personalentwicklung in der Praxis, 3. Aufl., Heidelberg 2015.

Weingärtner, E. (2014):

Coaching in der Sozialwirtschaft, Wiesbaden 2014.

Wien, A./ Franzke, N. (2013):

18 Strategien zur Implementierung eines erfolgreichen Personalentwicklungskonzepts, Wiesbaden 2013.

Wolff, W. (2014):

Personalentwicklung im demographischen Wandel, Bremen 2014.

Zaugg, R. (2008):

Nachhaltige Personalentwicklung im Überblick; in: Thom, N./ Zaugg, R. (Hrsg.): Moderne Personalentwicklung: Mitarbeiterpotenziale erkennen, entwickeln und fördern, 3. Aufl., Wiesbaden 2008, S. 21-35.

Zaugg, R. (2009):

Nachhaltiges Personalmanagement, Wiesbaden 2009.

Internetquellen:

Adler, D./ Carolus, A. (2017):

E-Coaching: Neuland, das es sich zu betreten lohnt?, https://www.coaching-magazin.de/wissenschaft/e-coaching, abgerufen am 26.08.2018.

Anderland, A. (2017):

Der Trend zum E-Coaching: Chance oder Katastrophe?, https://coaches.xing.com/magazin/der-trend-zum-e-coaching-chance-oder-katastrophe, abgerufen am 26.08.2018.

Bundesministerium für Bildung und Forschung (2017):

Nutzung, Zeitaufwand und Kosten betrieblicher Weiterbildung in Unternehmen nach Wirtschaftsbereichen 2015, http://www.datenportal.bmbf.de/portal/2.7.22, abgerufen am 27.08.2018.

Christopher Rauen GmbH (2018a):

Der Coaching-Markt in Deutschland, https://www.coaching-report.de/coaching-markt.html, abgerufen am 21.08.2018.

Christopher Rauen GmbH (2018b):

Wirksamkeit von Coaching, https://www.coaching-report.de/definition-coaching-wirksamkeit-von-coaching.html, abgerufen am 22.08.2018.

Christopher Rauen GmbH (2018c):

Probleme im Coaching, https://www.coaching-report.de/definition-coaching-ablauf-probleme-im-coaching.html, abgerufen am 22.08.2018.

Donkor, C./ Lohmann, T./ Knorr, U. (2012):

Unternehmenserfolg nachhaltig sichern durch strategische Personalplanung, https://www.pwc.de/de/consulting/business-consulting/assets/pwc-studie-unternehmenserfolg_nachhaltig_sichern.pdf, abgerufen am 06.09.2018.

Ebermann, D. (2017):

Coaching im Digitalen Wandel - Teil 2: Welche Potenziale birgt Virtual Reality?, https://www.coaching-magazin.de/beruf-coach/coaching-virtual-reality, abgerufen am 26.08.2018.

Künzli, H. (2013b):

Die andere Seite von Coaching: Welche Risikofaktoren oder Ursachen gibt es?, https://www.coaching-magazin.de/philosophie-ethik/andere-seite-coaching, abgerufen am 24.08.2018.

Nissen, R. (2018):

Ziele der Personalentwicklung, https://wirtschaftslexikon.gabler.de/definition/-personalentwicklung-52604, abgerufen am 19.08.2018.

Anhang

Anhang A

Checkliste Personalentwicklungscontrolling im Funktionszyklus		
Phase	**Teilschritte**	**Inhalte**
Bedarfsanalyse *Ziel:* Feststellung des Personalentwicklungsbedarfs	Ursachen-/ Situationsanalyse	Soll-/Ist-Abgleich durchführen und Ergebnis feststellen Ursachen des PE-Bedarfs analysieren (Defizite im Wollen, Können, Dürfen)
	Kontextanalyse	Analyse, ob das Problem durch eine PE-Maßnahme gelöst werden kann
	Ergebnisdokumentation	Festgestellten PE-Bedarf nach Inhalten, Menge, Zeit, Prioritäten und Budget dokumentieren *Instrumente:* PE-Bedarfs-Formular
Ziele setzen *Ziel:* Definition der zu erreichenden PE-Ergebnisse	Zielevaluierung	Auswirkungen aufzeigen Passung zur Zielhierarchie überprüfen Identifikation und Klärung möglicher Zielkonflikte *Instrumente:* Zielbeziehungsanalyse
	Auftragsklärung/ Auftragsbestätigung	Ergebnisse Bedarfsanalyse und Zielableitung abstimmen konkrete Auftragsbestätigung einholen und dokumentieren *Instrumente:* Vordruck entwickeln
Kreatives Gestalten *Ziel:* adressatengerechte und wirtschaftliche Gestaltung der Personalentwicklungsmaßnahmen	Entwicklung der Evaluationsinstrumente	Erfolgsindikatoren bestimmen Evaluationsprozess auf der Basis des vorher bestimmten Evaluationsniveaus festlegen *Instrumente:* Evaluationsprozess beschreiben (Parameter, Kennzahlen, Kontrollgruppen, Wirkungsmessungen etc.)
	Maßnahmenevaluierung	Inhalte und Stimmigkeit des geplanten methodisch/didaktischen Ansatzes prüfen (Qualitätsanalyse) *Instrumente:* Bewertung der TN-Unterlagen und des Ablaufplanes, Pilotveranstaltung, evtl. Checkliste zur Bewertung

Abb. 5: Checkliste Personalentwicklungscontrolling im Funktionszyklus Teil A

Quelle: Becker, M. (2011), S. 296.

Anhang B

Checkliste Personalentwicklungscontrolling im Funktionszyklus		
Phase	**Teilschritte**	**Inhalte**
Kreatives Gestalten *Ziel*: adressatengerechte und wirtschaftliche Gestaltung der Personalentwicklungsmaßnahmen	finanzielle Ressourcenplanung	Kostenplanung, Maßnahmenkalkulation und -budgetierung Nutzenbewertung Make-or-buy-Entscheidungen treffen *Instrumente*: Methoden/Entscheidungshilfen zur Kostenvergleichsberechnung, Make-or-buy-Portfolio
	Gesamtevaluierung	Wirtschaftlichkeitsprüfung (Effizienz) Zielerreichungsprüfung (Effektivität) *Instrumente*: Vollkostenkalkulation, Alternativenvergleich
Durchführung *Ziel*: planungs- und anforderungsgerechte Umsetzung der Personalentwicklungsmaßnahmen	Nachbereitung/Evaluierung der Maßnahme	Reflexion der Maßnahme Referenten-/Trainerreport Auswertung der TN-Bewertungen ggf. Einleitung von Korrekturmaßnahmen
Erfolgskontrolle *Ziel*: pädagogische und betriebswirtschaftliche Kontrolle des Bildungserfolges	pädagogische Erfolgskontrolle	Lernerfolg, Lernklima und Lernbedingungen ermitteln *Instrumente*: Befragungen, Rollenspiele, Abschlusstest, Seminarbeurteilung, Selbsteinschätzung
	betriebswirtschaftliche Erfolgskontrolle	Nachkalkulation Erfolgsindikatoren überprüfen und Nutzeneffekte bestimmen *Instrumente*: Nachkalkulation, Soll-/Ist-Vergleich, Abweichungsanalyse
Transfersicherung *Ziel*: Sicherung der optimalen Umsetzung der Bildungsinhalte am Arbeitsplatz	inhaltlicher Transfer	Grad der Umsetzung der Inhalte am Arbeitsplatz ermitteln *Instrumente*: Gespräche, Arbeitsproben, Statistiken
	methodischer Transfer	systematische, zeitnahe Transferberatung und Rückkehrgespräche
	organisatorischer Transfer	Analyse der formalen Arbeitsbedingungen (Richtlinien, Kontroll- und Koordinationssysteme etc.) und evtl. Anpassung
	personeller Transfer	Abstimmung mit den Vorgesetzten und mit den Kollegen Umsetzungsmotivation des Teilnehmers ermitteln

Abb. 6: Checkliste Personalentwicklungscontrolling im Funktionszyklus Teil B

Quelle: Becker, M. (2011), S. 297.